ÉVANGÉLINE

PRIX :

DEUX FRANCS.

ÉVANGÉLINE

LÉGENDE ACADIENNE EN 4 ACTES

Représentée pour la première fois, à Bruxelles
le   Décembre 1895, sur le Théâtre-Royal de la Monnaie.

———————

(DIRECTION DE MM. STOUMON ET CALABRÉSI)

L. DE GRAMONT, G. HARTMANN, ALEXANDRE

ÉVANGÉLINE

LÉGENDE ACADIENNE EN 4 ACTES

TIRÉE DU POÈME DE

HENRY WADSWORTH LONGFELLOW

Avec l'autorisation de
MM. HOUGTON, MIFFLIN AND Cᵒ, éditeurs des œuvres de Longfellow.

MUSIQUE DE

M. XAVIER LEROUX

PARIS

CHOUDENS FILS,
ÉDITEUR
30, boulevard des Capucines, 30

CALMANN LÉVY
ÉDITEUR
3, rue Auber, 3

PERSONNAGES

MM^{mes}

ÉVANGÉLINE, jeune paysanne acadienne,
fille du fermier Bénédict.............. Jane MÉREY.
DAHRA, femme de la tribu des Abéna-
quis, servant dans la ferme de Bénédict.. ARMAND.

MM.

GABRIEL, jeune acadien.............. BONNARD.
BASILE, forgeron, père de Gabriel...... GILIBERT.
BÉNÉDICT, père d'Evangéline......... CADIO.
UN OFFICIER ANGLAIS .... DINARD.

MM^{lles}

UN PATRE....................... MILCAMPS.
UNE JEUNE ACADIENNE............ KORSOFF.

Acadiens, Acadiennes, soldats anglais, trappeurs, etc.

Les deux premiers actes se passent dans l'Acadie, au village de Grandpré, les 4 et 5 septembre 1755. Les deux derniers actes, quelques années plus tard, le troisième dans la Louisiane, le quatrième dans la Pennsylvanie.

Pour la mise en scène, s'adresser à M. BAUDU, régisseur
du Théâtre-Royal de la Monnaie.

ÉVANGÉLINE

LÉGENDE ACADIENNE EN 4 ACTES

PRÉLUDE

Une forêt du Nouveau-Monde.

....

Voici la forêt primitive...
Le vent dans les sapins exhale un long regret,
Et l'Océan répond avec sa voix plaintive
Aux accents désolés de l'antique forêt.

Les sentiers sont déserts. Le fer et l'incendie
   Ont dépeuplé ce paisible séjour ;
Il ne reste plus rien de l'heureuse Acadie
   Qu'une histoire d'amour...

Écoutez-la ! C'est une légende naïve,
Dont le souvenir seul est demeuré vivant,
Et résonne, à travers la forêt primitive,
Dans le frisson des pins, dans la plainte du vent.

ACTE PREMIER

La ferme de Bénédict.

Un intérieur rustique, dans lequel Dahra et les femmes acadiennes sont occupées à filer, groupées autour de la cheminée. — Dans un coin, Bénédict et Basile jouent aux dames. — Au fond, large baie vitrée, par laquelle on aperçoit une route, et, au delà, la lisière de la forêt. — A gauche, deuxième plan, un escalier praticable. — C'est le soir.

~~~~~~~~~~~~~~

SCÈNE PREMIÈRE

BÉNÉDICT, BASILE, DAHRA, ACADIENNES, puis ÉVANGÉLINE.

DAHRA

I

O Lilinau! la nuit est sombre :
Qui reçois-tu, le cœur tremblant ?...
C'est un beau chasseur, mais dans l'ombre
Il a l'air d'un fantôme blanc...
Prends garde, enfant!... redoute un piège!...
Frémis de donner ton amour
Au pâle fiancé de neige
Qui s'efface quand vient le jour!...

BÉNÉDICT, jouant aux dames avec Basile.

Basile, c'est à vous, prenez. Le coup est bon,
            Je le proclame !

BASILE

Je prends... Mais vous allez à dame.
Le coup n'est pas mauvais pour vous, mon compagnon !

DAHRA

II

L'aurore va poindre : il se lève,
Il s'éloigne vers la forêt...
Tu veux le suivre... ainsi qu'un rêve
Sous le soleil il disparaît !
O vierges qu'un désir assiège,
Craignez de donner votre amour
Au pâle fiancé de neige
Qui s'évanouit sans retour !

ÉVANGÉLINE, entrant par l'escalier de gauche.

Tes accents, ô Dahra, sont tristes et toujours
Évoquent dans l'esprit d'impossibles amours...
            Quand ma mère chérie
        Vivait encor, je me souviens
Qu'elle disait des chants plus joyeux que les tiens :
Vieilles chansons de France, échos de la patrie
            D'où vinrent nos aïeux
S'établir sur ces bords, dans l'heureuse Acadie...
Je l'entends dire encor ces récits merveilleux !

LES ACADIENNES

Chansons du pays des aïeux
Au langage naïf et tendre,
Nous vous aimons ! Vous savez rendre

Le travail plus léger, le cœur moins soucieux...
Vieilles chansons de France,
Vous murmurer, c'est charmer sa souffrance,
O récits merveilleux,
Echos de la patrie
D'où vinrent nos aieux
S'établir sur ces bords, dans l'heureuse Acadie!

BÉNÉDICT, à Basile.

Basile, vous semblez anxieux?

BASILE

Ai-je tort?
Malgré moi, je pense
A ces vaisseaux anglais entrés dans notre port,
Et je redoute leur présence.

BÉNÉDICT

Peut-être ces vaisseaux, dont vous êtes troublé,
Sont venus à Grandpré pour y chercher du blé.

BASILE

Les Anglais, qu'un traité nous a donnés pour maitres,
Ne nous pardonnent pas d'avoir de nos ancêtres
Gardé le souvenir et les mœurs et la foi :
Leurs desseins ne sont pas bienveillants, croyez-moi!
D'ailleurs, autour de nous la guerre se déchaine,
Et le sang coule, sur la terre américaine,
Pour le roi Louis XV et le roi Georges deux...

BÉNÉDICT

Le sort des combats hasardeux
A ceux que nous aimons peut être favorable ;
Il peut sortir de cette guerre secourable
La liberté pour nous, la défaite pour eu

BASILE

Mais mon fils, Gabriel? Avec ceux de son âge
          N'a-t-il pas quitté le village
Et rejoint les Français au fort de Beauséjour?
Reviendra-t-il?

BÉNÉDICT

          Oui, vous fêterez son retour!
Oui, votre fils, c'est ma ferme espérance,
Rentrera parmi nous, après la délivrance!

BASILE

Et si nos ennemis étaient victorieux?
Gabriel, comme un déserteur et comme un traître,
          Serait traité par eux!
S'il n'est pas prisonnier, il est blessé peut-être...

ÉVANGÉLINE

          Basile, au nom du ciel
Ne parlez pas ainsi! Je vous l'assure,
          Gabriel
Est vivant et libre et sans blessure.
Si d'un péril mortel il était menacé
          En vain dans mon cœur oppressé,
          En vain le soir aurait versé
Sa paix profonde!.. Il vient, mon amour le devine...

SCÈNE II

LES MÊMES, GABRIEL, qui depuis quelques instants est entré par le fond et a entendu les derniers mots.

GABRIEL

Évangéline...

ÉVANGÉLINE, se retournant, avec un cri.

Gabriel !...

GABRIEL

Oui, c'est moi !...

BÉNÉDICT

Lui !...

BASILE

Mon fils !... De retour !...
(On l'entoure, on lui serre les mains, on l'embrasse.)

GABRIEL

Ah ! pour moi votre accueil adoucit la défaite...

TOUS

La défaite ?

GABRIEL

L'Anglais s'est emparé du fort de Beauséjour !

TOUS

Beauséjour !...
(On entend, dans le lointain, les Anglais sonner la retraite.)

DAHRA

Prenez garde ! on entend résonner la retraite :
Ils vont passer...
Les Acadiennes, qui s'étaient approchées de Gabriel, regagnent leurs
places.)

GABRIEL, baissant le ton peu à peu, à mesure que la retraite se rapproche.

Tant qu'il nous est resté
Du pain et de la poudre,
Nous avons résisté.
Tout enfin nous manquant, il fallut se résoudre
A l'abandon du fort. Du moins nous avons pu,
Mes compagnons et moi, nous frayer un passage
A travers les vainqueurs, et rentrer au village.

ÉVANGÉLINE

Puisse votre secret n'être jamais connu !...

GABRIEL

On ne saura rien, je l'espère.
J'en suis sûr !...
(Les Anglais, sonnant la retraite, passent au fond du théâtre ; on les distin-
gue à travers la baie qui donne sur la route. Quand ils ont disparu,
Bénédict prend la parole.)

BÉNÉDICT

Ecoutez, Basile, mon compère :
L'avenir nous menace et bientôt, j'en ai peur,
Évangéline aura besoin d'un protecteur.
Elle est à votre fils dès longtemps fiancée...
Marions-les... demain. Voulez-vous ?...

BASILE

Je e veux
De tout mon cœur !...

GABRIEL

Ah ! l'heureuse pensée !
Père, vous exaucez le plus cher de nos vœux.
(L'Angelus sonne. — Les Acadiennes se lèvent, se préparant au départ.
— Dahra sort par l'escalier de gauche.)

BASILE à Bénédict.

Allons voir le notaire et le curé sur l'heure.
(A Gabriel.)
Pour lui parler de ton bonheur prochain,
Un instant encor, près d'elle demeure,
Puisqu'elle sera ta femme demain !...
(Les deux vieux pères mettent leurs chapeaux, prennent leurs bâtons et
sortent par le fond, tandis que les Acadiennes prennent congé
d'Évangéline.)

LES ACADIENNES,

A demain, chère Évangéline !...
Puisse un ange veiller sur ton chaste sommeil,
Et laisser dans ton cœur à l'heure du réveil
L'espérance divine...
(Elles sortent par le fond.)

SCÈNE III

ÉVANGÉLINE, GABRIEL

(Ils sont restés seuls. — La nuit est venue. — Un long silence pendant
lequel le jeune homme s'approche de sa fiancée, la prend par la main et
doucement la mène jusqu'à un banc attenant à la fenêtre du fond, par
laquelle on voit le ciel étoilé. — Tous deux se contemplent avec tendresse.)

GABRIEL, murmure.

Évangéline !...

✸✸

ÉVANGÉLINE, avec un léger tressaillement et comme arrachée à une
extatique rêverie, répond :

Gabriel !...

GABRIEL

O silence divin, dont j'ai rompu le charme
Qui dans la paix du soir nous berçait !
Dans ton regard brille une larme...
Délicieux aveu, qui s'élançait
De ton cœur ! Extase profonde,
Où mon être, un instant perdu
Avec le tien, loin, bien loin de ce monde,
S'est confondu !
Si ton âme est troublée, ô mon Évangéline,
Lève les yeux vers ce beau ciel si pur,
Vers cet immense azur...
Vois, sur la forêt séculaire
Au feuillage d'argent,
Avec une splendeur plus brillante et plus claire
De moment en moment,
S'allumer, jetant des reflets étranges,
Les étoiles, ces *ne m'oubliez pas* des anges !

ÉVANGÉLINE

Comme ta voix charme mon cœur !
Et comme, à ta parole,
Toute crainte s'envole.
Ah ! Gabriel, je veux croire au bonheur,
Puisque c'est toi qui me l'as ordonné,
Toi, le maître et l'époux que je me suis donné !

GABRIEL

Évangéline !
Ton maître, non...
Je resterai l'ami, le compagnon

Des anciens jours. Pour gravir la colline,
A l'heure où le soleil décline,
Comme autrefois, je te tendrai la main...
Cher passé qui promet un si doux lendemain !

ÉVANGÉLINE

Ah ! je veux le bénir, ce passé, notre enfance,
Le temps où notre amour a pris l'essor !
Oh ! laisse-moi me rappeler encor
Nos rires ingénus, notre heureuse ignorance,
Puis nos chagrins, notre premier émoi...
Jours de joie où naquit ma tendresse pour toi !

GABRIEL

Sais-tu, ma fiancée,
Quel souvenir, vivant en ma pensée,
A le plus de douceur ?
C'était un beau matin de dimanche... O l'exquise
Fraicheur !
Au loin tintaient les cloches de l'église.
Docile au mystique appel,
Avec ta jupe bleue et ta cape normande,
Tu vins te prosterner devant le saint autel.
Tu portais, comme offrande
A la Vierge, des fleurs de nos forêts...

ÉVANGÉLINE

Des fleurs de nos forêts...

GABRIEL

Ta prière montait, dans l'encens, dans la flamme,
Ta prière montait, pure comme ton âme;
Et je jurais
Que nulle autre que toi ne deviendrait ma femme !

ÉVANGÉLINE

Nulle autre que moi ?...

GABRIEL

Nulle autre que toi !

(Neuf heures sonnent.)

ÉVANGÉLINE

Il se fait tard, ami. Retourne chez ton père...

(Elle lui tend son front.)

GABRIEL

Pour la dernière fois, sur ton front chaste et doux
  Je vais mettre un baiser de frère.

(Il l'embrasse.)

Demain, tu recevras, ô vierge qui m'es chère,
  Le premier baiser de l'époux !...

(Ils se séparent. Gabriel se dirige vers le fond. Elle le regarde s'éloigner.
A ce moment, de la chambre voisine, on entend la voix de Dahra, qui
murmure les derniers vers de la ballade.)

DAHRA

Frémis de donner ton amour
  Au pâle fiancé de neige
  Qui s'évanouit sans retour !...

(Évangéline tressaille comme à un mauvais présage. Mais Gabriel, près
de sortir, répète une fois encore :)

GABRIEL

Évangéline !

(Rassurée, la jeune fille répond :)

ÉVANGÉLINE

Cher Gabriel !

(En lui adressant un geste d'adieu, il franchit le seuil; doucement Evangéline va, de la porte où elle vient de quitter Gabriel, à la fenêtre; elle
s'accoude, rêveuse, à l'un des portants de cette fenêtre et semble suivre
des yeux Gabriel qui s'éloigne. — On entend au loin la voix de Gabriel;

GABRIEL

Évangéline!...

ÉVANGÉLINE

Gabriel!

(La toile tombe très lentement.)

ACTE DEUXIÈME

La place publique. Au fond, l'église. — A droite et à gauche, habitations entourées de grands arbres. — C'est le matin.

(Au lever du rideau, la scène est vide. — Bientôt, les Acadiens et les Acadiennes qui doivent assister au mariage d'Évangéline et de Gabriel, entrent joyeusement, précédés d'un ménétrier.)

~~~~~~~~~~~~~~~~~

CHOEUR

Voilà, voilà les deux époux :
    Le cortège s'avance !...
Chantons et réjouissons-nous !...
    Fêtons leur alliance !...
En l'honneur des nouveaux époux
    Qu'on chante et qu'on danse !...

LES ENFANTS

Vivat !... Ils viennent ! Ce sont eux !...
    Chantons ce mariage !...
De cris, de rires et de jeux
    Emplissons le village.

JEUNES FILLES

Heureuse est celle dont l'amour
    Couronne la constance !...
Puissions-nous vite à notre tour
    Avoir la même chance.

✦★★★

CHŒUR

Salut au fiancé joyeux :
    Qu'on lui livre passage !
A la mariée aux doux yeux,
    Aussi belle que sage,
Offrons nos souhaits et nos vœux,
    Offrons notre hommage !
Voilà, voilà les deux époux :
    Le cortège s'avance !...
Chantons et réjouissons-nous !...
    Fêtons leur alliance !...
En l'honneur des nouveaux époux
    Qu'on chante et qu'on danse !

(Entrent Gabriel, Basile, puis Évangéline et Bénédict, accompagnés de
jeunes filles et de jeunes gens.)

GABRIEL

O compagnes de son enfance
Saluez-la de vos chants les plus doux !...

Chantez la chanson de la Bien-Aimée !
La voici venir, charmante et charmée,
    Sous ses voiles blancs.
Son âme candide est plus blanche encore.
Elle resplendit ainsi qu'à l'aurore
    Les beaux lis tremblants !
Sous ses fins cheveux, aux boucles légères
Mettant sur son front de vives lumières,
    Brillent ses doux yeux ;
Et, quand ils la voient si pure et si belle,
Les anges voudraient, pour être près d'elle,
    Descendre des cieux !

(Le chœur répète la chanson de la Bien-Aimée. Quand il se tait :)

ÉVANGÉLINE, qui est entrée par la droite, regarde autour d'elle et s'écrie :

Salut ! je te salue, au seuil du mariage,
O forêt maternelle à l'antique feuillage,
Par qui notre tendresse a grandi chaque jour !
Loué soit le Seigneur, qui veut que la Nature
Mette, pour réjouir son humble créature,
L'aurore dans les cieux et dans les cœurs l'amour !
O forêt, bois sacré, mystérieux ombrage,
Notre bonheur, notre tendresse est votre ouvrage :
Puissions-nous vivre en paix sous vos abris charmants !
Puisse le doux frisson du vent dans les ramures,
Où parfois l'océan vient mêler ses murmures,
Dans l'heureux avenir bercer tous nos moments !

TOUS

Puissiez-vous vivre en paix sous ces abris charmants !...

(Un groupe de jeunes filles s'approche d'Évangéline, apportant une
couronne.)

UNE JEUNE FILLE

Évangéline, afin de parer ta beauté,
Veux-tu qu'au nom de tes compagnes, je te donne
Cette couronne,
Symbole de chasteté ?

ÉVANGÉLINE

Oui, je l'accepte, oui, je la veux,
Pour orner mes cheveux.

(Elle met la couronne.)

Les jeunes gens s'approchent de Gabriel. L'un d'eux lui remet un
anneau.)

TOUS

Et cet anneau,
Symbole de l'amour fidèle,
C'est toi, beau jouvenceau,
Qui dois le faire accepter d'elle.

GABRIEL

Ah ! cet anneau,
Symbole de l'amour fidèle,
Veux-tu que je le passe à ton doigt ?

ÉVANGÉLINE

Je le veux...
En échange reçois mes serments et mes vœux !

TOUS

En échange reçois ses serments et ses vœux !

(La bague passée au doigt de la mariée, Évangéline et Gabriel se
tournent vers Basile et Bénédict.)

GABRIEL et ÉVANGÉLINE

Maintenant, c'est à vous, ô pères, que s'adresse
Le suprême désir de deux cœurs triomphants :
Bénissez notre amour, notre jeune tendresse,
O pères ! étendez vos mains sur vos enfants.

BASILE et BÉNÉDICT

Nous formons désormais une seule famille,
C'est Dieu, dans sa bonté, qui nous a tous unis..

BASILE

Je te bénis, Évangéline, sois ma fille...

BÉNÉDICT

Gabriel, mon enfant, mon fils, je te bénis !

GABRIEL

Évangéline !

ÉVANGÉLINE

Ah ! Gabriel,
Je t'aime et t'aimerai d'un amour éternel !

GABRIEL

Heure douce aux cœurs amoureux !
Heure où l'avenir se devine,
Toujours heureux !
Oh ! parle, parle, Évangéline !

ÉVANGÉLINE

Je vois le ciel s'ouvrir. Les anges du Seigneur
Dans le firmament qui s'embrase
Chantent notre bonheur
Et notre extase !
Alleluia !
Salut, azur
Splendide et pur !
Salut, vous qui déjà brillez dans nos prunelles,
Ineffables clartés des amour éternelles !
Alleluia !

TOUS

Alleluia !

(Les cloches se mettent à sonner.)

✦✦✦✦✦

LE CHŒUR

La voix sonore
Des cloches a vibré, montant vers le ciel bleu.
Seigneur, ta maison est fermée encore,
Accueille-nous dans le saint lieu !...

BÉNÉDICT

Rien ne doit s'accomplir sans le céleste aveu.
Allons, et qu'à l'autel notre ferveur implore
La bénédiction de Dieu !...

(Le cortège se reforme. Au moment où il arrive à l'église, les portes
s'ouvrent et des soldats anglais apparaissent. Recul des Acadiens ; les
Anglais descendent en scène, en formant un demi-cercle, dans lequel
les autres se trouvent cernés.)

LES ACADIENS

Ah ! ciel !... Des soldats... Ce sont eux...

BASILE

J'avais raison de craindre !...

L'OFFICIER ANGLAIS

Au nom de Georges deux !...

GABRIEL

Ils étaient là, de Dieu profanant la demeure,
Et c'est eux qui sonnaient les cloches tout à l'heure !

L'OFFICIER

Vous êtes des sujets rebelles, insoumis ;
Et plusieurs d'entre vous dans les rangs ennemis

Ont combattu. Cette suprême offense
Du Prince, votre maître, a lassé la clémence...

(Rumeurs dans la foule.)

BASILE

Notre maître ! Qui donc est notre maître ? Lui,
Georges deux ? Non, jamais !

L'OFFICIER

Apprenez qu'aujourd'hui
Toutes vos terres, tous vos biens, par la Couronne
Sont confisqués. Et votre souverain ordonne
Que tous les habitants d'Acadie, expulsés,
Soient en d'autres pays par mes soins dispersés.

TOUS

Horreur !

L'OFFICIER

Ne tentez pas de révolte inutile !
Vous êtes prisonniers et n'avez plus d'asile...
Tandis que vous étiez tous rassemblés ici,
J'ai fait incendier les maisons du village.
Regardez et, tremblant, rendez-vous à merci,

(Lueurs d'incendie au fond du théâtre.)

LES ACADIENS

Quoi ! Proscrits ! Dispersés ! Et la flamme ravage
Nos toits !... Tout est fini !...

GABRIEL

Non ! ce décret sauvage
Ne peut être par nous humblement accepté !...
Non, traîtres, non, bourreaux, nous n'avons point prêté

A votre lâche roi serment d'obéissance !...

(Aux Acadiens.)

La lutte est inégale et nous succomberons,
Qu'importe la mort ?... Nous aurons
Du moins l'orgueil de la vengeance
Amis !... frappons et mourons !

(Il arrache son fusil à un soldat.)

LES ACADIENS

Frappons et mourons !

(Bataille au milieu du grandissement de l'incendie. — Les Acadiens, sans armes, sont promptement défaits. — Les jeunes gens et Gabriel se trouvent entourés, garrottés, couchés en joue, à droite de la scène. — Les femmes, les enfants, les vieux sont refoulés à gauche.)

L'OFFICIER

Vous voilà tous réduits à l'impuissance...

LES ACADIENS

Vaincus !

LES FEMMES

Qu'allons-nous devenir ?

ÉVANGÉLINE

Et Gabriel ?

(Elle l'aperçoit parmi les prisonniers.)

Vivant !

L'OFFICIER

Je saurai vous punir
De cette résistance...

LES FEMMES

Grâce ! pitié !

L'OFFICIER

Rien ne peut m'émouvoir,
Les prisonniers seront embarqués dès ce soir...
Allez !

(Les Anglais se préparent à emmener les prisonniers, d'autres repoussent
les femmes et les enfants qui veulent se précipiter vers eux.)

GABRIEL

Évangéline, adieu!

ÉVANGÉLINE

Mon Gabriel! Je suis ta femme devant Dieu!
Je t'adore, et je dois te consacrer ma vie!
Va! si lointain que soit le lieu
De ton exil, je fais ici le vœu
De retrouver ta trace obstinément suivie!
Celle qui t'a donné sa tendresse et sa foi
Saura tout affronter pour aller jusqu'à toi!

TOUS

O désespoir! malheureuse Acadie!

ACTE TROISIÈME

Dans la Louisiane. — Une prairie sur les bords de la Tèche. — A gauche la cabane d'un pâtre. — Soleil couchant.

~~~~~~~~~~~~

SCÈNE PREMIÈRE

(Le pâtre, seul, au fond du théâtre, sonne un appel de cor. — On lui répond de loin.)

LE PATRE

Oh! les troupeaux,
Rentrez, voici l'heure. Dans les roseaux
Le vent murmure.
Dans un doux repos
S'endort la nature...
Ohé! ohé! oh!

(Entrent Évangéline et Dahra, toutes deux, très lasses, marchant avec peine.)

SCÈNE II

LE PATRE, DAHRA, ÉVANGÉLINE

DAHRA, à Évangéline qu'on ne voit pas encore.

Courage! D'un berger j'aperçois la chaumière,
Nous lui demanderons un abri pour la nuit.

(Évangéline entre. — Au pâtre :)

O berger, le jour fuit,
Entends notre prière.

Nous avons entrepris un pénible chemin,
Laisse-nous reposer ce soir jusqu'à demain
        Dans ta chaumière.

ÉVANGÉLINE

Mon courage est à bout... Je me sens défaillir...

                                    (Au pâtre.)

Si ta pitié s'émeut devant notre misère,
Berger, pour cette nuit daigne nous accueillir.

                (Rêveuse et comme se parlant à elle-même.)

        Autrefois, nos années
        S'écoulaient, fortunées,
        Dans un calme séjour...

DAHRA

        Mais, hélas, un seul jour
Détruisit le village et la moisson prospère,
Proscrivit son époux... Et bientôt, de son père,
        La douleur causa le trépas.
Et depuis bien des jours, de contrée en contrée,
Pour retrouver celu   dont elle est séparée,
Nous allons... Mais le hasard seul conduit nos pas
Sur la route sans fin et vainement suivie !

ÉVANGÉLINE, au berger.

Celui que nous cherchons, tu ne le connais pas?
Il a nom Gabriel et vient de l'Acadie...

LE PATRE

Ce nom m'est inconnu... Moi, je passe ma vie
        Solitaire en ce lieu.

ÉVANGÉLINE

Mon espérance, ainsi, chaque jour affaiblie,
Dans mon cœur s'éteint peu à peu!

LE PATRE

Mes sœurs, voici l'abri que votre voix implore;
Avec vous je partagerai
L'humble et frugal repas par mes soins préparé;
Ensuite, vous pourrez dormir jusqu'à l'aurore.

LES DEUX FEMMES

Berger, cœur généreux,
Qui nous plains et qui nous abrites,
Dieu te donne les jours heureux
Que tu mérites!

(Au moment où elles se disposent à entrer dans la cabane, on entend
dans le lointain un chœur dont on ne distingue pas les paroles.)

ÉVANGÉLINE

D'où viennent ces lointaines voix?...

LE PATRE

Des troupes de chasseurs et de coureurs des bois
Au bord de la rivière ont rendez-vous, sans doute,
Pour s'embarquer dès l'aube et pour se mettre en route.

ÉVANGÉLINE, s'éloignant de la chaumière.

Dès l'aube!... Et nous aussi, demain,
Nous reprendrons notre éternel chemin...
Pourtant, si c'est de Dieu la volonté profonde
Que nous ne devions plus nous revoir en ce monde,
Qu'il me l'annonce enfin par un signe certain...
Et, quand j'aurai compris que mon espoir est vain,

Aux pieds des saints autels j'irai dire humblement :
« Au terrestre séjour j'ai lutté vainement;
         • J'accepte la défaite.
« J'ai pleuré, j'ai souffert... et je tombe à genoux.
« Recevez-moi, mon Dieu, me voici toute à vous ;
       « Que votre volonté soit faite ! »

(En parlant ainsi, elle s'est agenouillée et demeure plongée dans une
   sorte de douloureuse prostration. — Dahra va vers elle et la relève doucement.)

DAHRA

        Pauvre cœur blessé !
        Pauvre corps lassé !
    Viens reposer, chère maîtresse :
Le sommeil va calmer l'angoisse qui t'oppresse,
Toi qui m'as su montrer ta pitié, ta tendresse,
Qui fus compatissante et douce, et dont jamais
Mon cœur reconnaissant n'oubliera les bienfaits !
Je ne demande rien au Maître de la vie,
Sinon qu'il te bénisse aussi pour ta bonté
      Et te paye en félicité
      La misère longtemps subie.
Puisse-t-il t'accorder de prospères destins,
Formés de calmes soirs et de joyeux matins !
Viens, et je vais bercer ton sommeil ingénu
      En murmurant ces chants de ma tribu
Dont tu me reprochais autrefois la tristesse
Et qui répondent maintenant à ta détresse !

(Elles entrent dans la chaumière. — Le pâtre les suit. — La scène reste
   vide. — Il fait tout à fait nuit. — Dans la cabane on entend la voix de
   Dahra.)

       O Lilinau ! la nuit est sombre :
       Qui reçois-tu, le cœur tremblant ?...
       C'est un beau chasseur, mais dans l'ombre
       Il a l'air d'un fantôme blanc...

Prends garde, enfant!... redoute un piège !
Frémis de donner ton amour
Au pâle fiancé de neige
Qui s'efface quand vient le jour !...

SCÈNE III

(Une troupe de chasseurs traverse le théâtre. — Parmi eux sont Gabriel
et Basile. — Les chasseurs disparaissent dans la direction de la rivière.
— Basile et Gabriel restent en scène.)

BASILE

Ainsi, pour fuir le souvenir qui te torture,
Tu veux les suivre?... aller au loin à l'aventure ?
Je ne puis avec toi partir : je suis trop vieux...
Et je ne t'aurai pas pour me fermer les yeux.

GABRIEL

Pardonnez-moi, mon père !...
D'un si cruel tourment j'ai le cœur déchiré
Que je ne saurais vivre en repos. Mais j'espère
Vous embrasser encor, lorsque je reviendrai.

BASILE

Chimère !
Tu ne reviendras pas, à moins que par l'oubli
Ton chagrin quelque jour ne se trouve affaibli...

GABRIEL

Oublier ! Ah ! comment voulez-vous que j'oublie
Celle qui fut ma femme et mon unique amie ?
J'espère, et cet espoir est peut-être insensé,
J'espère cependant que l'épouse attendue,
Qu'Évangéline, hélas ! n'a pas encor cessé
De vivre sous le ciel et doit m'être rendue !

Mais si tes yeux se sont fermés, ô mon amour !
Si la mort a sur eux jeté son voile sombre,
    Pour abréger ici-bas mon séjour
    Appelle-moi du fond de l'ombre !
Prononce encor mon nom, le nom du bien-aimé,
Et j'accourrai vers toi, frémissant et pâmé
De te l'entendre dire avec ta voix divine !
En la nuit du tombeau murmure-le tout bas,
Et je te rejoindrai, joyeux, dans le trépas,
    En te criant : « Évangéline ! »

BASILE

Oui, ton deuil est de ceux qui ne s'apaisent pas...
Va donc porter ailleurs la douleur qui te mine !

(Ils sortent dans la même direction que les trappeurs. — La nuit s'a-
chève.)

SCÈNE IV

ÉVANGÉLINE, sortant de la maison du pâtre.

Dieu ! quel rêve m'arrache à mon sommeil ?... J'ai peur...
    Est-ce un pressentiment ?... est-ce un mirage ?...
        D'un effrayant malheur
        Est-ce un réel présage ?...
    Ou bien n'est-ce qu'un songe vain ?...
    J'ai vu celui que j'aime !...
Dans un calme sommeil je reposais... soudain
    J'ai vu passer Gabriel... ici-même !...
        Un soupir s'exhalait
        Du fond de sa poitrine...
        Il me parlait :
« Prononce encor mon nom, le nom du bien-aimé !...
    « Et j'accourrai, frémissant et pâmé

« De te l'entendre dire avec ta voix divine !...
« En la nuit du tombeau murmure-le tout bas,
« Et je te rejoindrai, joyeux, dans le trépas,
  « En te criant : « Évangéline ! »
Ah ! je frissonne... Est-ce un rêve insensé ?
  Mon nom par sa voix prononcé,
Est-ce une illusion ? Pâlissantes étoiles,
Parlez ! Répondez-moi ! La voix de Gabriel
Vient-elle de lancer mon nom vers ce beau ciel
  Sans voiles ?...
Ah ! je frémis... j'éprouve un indicible émoi...
  Oui, Gabriel était là... près de moi...
  Mon cœur éperdu le devine !

(Pendant ce monologue, on a vu passer sur le fleuve un radeau qui emporte Gabriel et ses compagnons. — Le jour s'est levé. — Du côté par lequel le radeau a disparu, s'élève la voix de Gabriel.)

LA VOIX DE GABRIEL

Prononce encor mon nom, le nom du bien-aimé...

ÉVANGÉLINE

Dieu !

LA VOIX DE GABRIEL

J'accourrai vers toi, frémissant et pâmé,
En te criant : « Évangéline ! »

ÉVANGÉLINE

  Je ne me trompais pas !
C'est bien lui... Gabriel ! O puissance divine !
  Mais où donc?...

(Elle court vers le fleuve, gravit une éminence et regarde du côté d'où est venue la voix.)
    Ah ! là-bas, là-bas,
Cette barque qui fuit... Je tremble...

ÉVANGÉLINE

LA VOIX, très lointaine.

Évangéline...

ÉVANGÉLINE

Gabriel! Faites qu'il m'entende, anges du Ciel !
Tout disparaît... Il reste sourd à mon appel...
A mon secours ! à moi ! personne !...
C'en est fait... Désormais
Tout espoir m'abandonne...
Séparés... à jamais !

(Elle tombe évanouie.)

~~~~~~~~~~

ACTE QUATRIÈME

La cour d'une maison de refuge pour les malades et les voyageurs,
dans la Pensylvanie. — Arbres, arbustes, rosiers. — A gauche,
les bâtiments. — A droite, la grille d'entrée, plantée oblique-
ment. — Au fond, une chapelle, praticable; de chaque côté, des
allées se perdant à droite et à gauche. — A gauche, second plan,
un banc.

~~~~~~~~~~~~~~~

SCÈNE PREMIÈRE

(Des hommes, des femmes et des enfants, faisant partie de l'asile,
achèvent d'orner de guirlandes de fleurs la cour et la chapelle dont
es portes sont ouvertes.)

CHŒUR

Fêtez la Fête-Dieu,
Fleurs, bouquets et guirlandes,
Odorantes offrandes
Parfumant le saint lieu !
A vous, puisqu'en ce jour,
Seigneur, c'est vous qu'on prie,
A vous de notre amour
Cette preuve fleurie.

UNE FEMME

Hâtons-nous de finir notre œuvre ; sœur Marie
De la Miséricorde, ainsi que chaque jour,
Va paraître bientôt au seuil de ce séjour.

(Reprise du chœur.)

SCÈNE II

(Évangéline, revêtue d'un costume de religieuse, paraît à la grille. Elle la pousse, entre lentement, examine l'ornementation de la cour et de la chapelle.)

LE CHŒUR

C'est elle, ange de Dieu, qui prie et qui console !
Les affligés, en la voyant, croiront
Qu'une lumineuse auréole
Resplendit autour de son front !...

ÉVANGÉLINE

La paix soit avec vous !... Est-ce vous, mes amis,
De qui les soins pieux ont mis
Ces roses et ces lys autour de la chapelle ?...
Vous avez eu raison de la faire si belle :
Ces fleurs balanceront les vivants encensoirs
De leurs corolles embaumées,
Et bientôt, emportant vos vœux et vos espoirs,
Vos prières vers Dieu monteront parfumées !...

(Elle gravit les marches de la chapelle et se prosterne à l'entrée.)

LE CHŒUR

O sainte créature, ange de charité,
Puisse Dieu te bénir entre toutes les femmes,
Toi qui vers le divin séjour guides les âmes
Comme une céleste clarté !...

(Tous se retirent comme respectant sa méditation.)

SCÈNE III

ÉVANGÉLINE, seule.

(Elle se relève, sort de la chapelle dont les portes se referment ; du haut des marches elle regarde le chœur s'éloigner, puis descend lentement en disant :)

Tandis que, vers cette demeure,
Par la ville silencieuse, ce matin,
Paisiblement je suivais mon chemin,
J'ai senti le calme de l'heure
M'envelopper ; et des ailes, qui s'abaissaient,
Invisibles, autour de moi, me caressaient...
Quelque chose, dans cette heureuse matinée,
Semblait me dire : « Enfin, l'épreuve est terminée ! »

Comme les brumes pluvieuses du matin,
Au voyageur placé sur la montagne,
En s'évanouissant, montrent dans le lointain
Une radieuse campagne
Que baigne la clarté du jour ;
Ainsi de mon esprit tomba la brume sombre ;
Le monde à mes regards calmés semble sans ombre
Et tout illuminé d'amour ;
Et là-bas, sous mes pieds, la route de la vie,
Cette route que j'ai péniblement gravie,

M'apparait aplanie et belle désormais !...
Maintenant, je n'ai plus d'espoirs et plus de craintes.
Sur tous ceux que l'âpre détresse vient saisir
Mon amour se répand. Je n'ai plus qu'un désir :
Humblement le Sauveur suivre les traces saintes ;
Et mon cœur, qui pour toi, Gabriel, a saigné,
Ne se console pas... mais il s'est résigné !

(Elle se dirige vers la maison. Au moment d'y entrer, ses regards
    tombent sur un buisson de roses placé au fond à gauche.)

Ces fleurs qu'un vif éclat décore,
Embaument doucement la tiédeur de l'été...
Je veux que les mourants aussi puissent encore
Respirer leur parfum, admirer leur beauté.

SCÈNE IV

(Pendant qu'Évangéline fait un bouquet, un homme parait à la grille.
          C'est Gabriel, hâve, épuisé, chancelant.)

GABRIEL

Cette grille est ouverte... Entrons. (Il entre.) Las et débile,
Je ne pourrai franchir le seuil de cet asile...
Je n'irai pas plus loin, je le sens... Ah !...

(Il a fait quelques pas et se laisse tomber évanoui, à l'avant-scène de
droite. Évangéline se retourne, l'aperçoit, vient à lui, se penche sur
lui. Elle recule, laisse tomber ses fleurs, et pousse un cri terrible.
Gabriel se ranime.)

ÉVANGÉLINE

                                        O ciel !...

C'est lui !...

GABRIEL

    Que vois-je ?... Évangéline !...

ÉVANGÉLINE

Gabriel !...

GABRIEL

Toi ! c'est toi !... ma chère âme !...

ÉVANGÉLINE

Mon ami !... retrouvé !...

GABRIEL

Retrouvée !... En ce lieu ?

ÉVANGÉLINE

Je voulais être à Dieu
Ne pouvant être à toi... Cher époux !...

GABRIEL

Chère femme !...

(Il la saisit et la presse dans ses bras.)

Après tant de tourments mes bras te sont ouverts !
Oublions tous les maux que nous avons soufferts !
Que du Dieu clément soit bénie
La miséricorde infinie,
Qui nous permet de nous retrouver en ce jour
Et de mettre en un seul baiser tout notre amour !
Evangéline !...

ÉVANGÉLINE

Gabriel !

GABRIEL

Évangéline !

Répète encor ce nom, le nom du bien-aimé !
Je me sens de bonheur frissonnant et pâmé,
Lorsque tu le redis avec ta voix divine !

Comme un aveu d'amour murmure-le tout bas!
Et moi je veux aussi te pressant dans mes bras,
    Je veux redire : « Évangéline! »

ENSEMBLE

O tendre extase, douce à mon cœur rajeuni!
Instant délicieux qui contient l'infini!

ÉVANGÉLINE

Mon Gabriel! hélas! des souffrances sans nombre
Ont, pour te rendre à moi, marqué ta route sombre?
    Comme le Dieu qui sauva les humains,
Tu déchiras tes pieds aux ronces des chemins?

GABRIEL

    Oui, j'ai subi bien des souffrances ;
    J'ai connu toutes les douleurs
    Et toutes les désespérances...
Toi seule étais toujours la cause de mes pleurs.
J'allais de ville en ville, épuisé, triste et blême,
    Le cœur désolé, le corps las,
    Posant à tous la même question, hélas!
    Mais la réponse était toujours la même,
    Et je portais plus loin mes pas.
N'y pensons plus ! La longue épreuve enfin s'achève :
Le douloureux passé m'apparaît comme un rêve ;
Je n'ai plus d'amertume et n'ai plus de rancœur,
Puisque je te revois, puisque tu m'es rendue,
Puisque, l'âme enivrée et de joie éperdue,
    Je peux te presser sur mon cœur !

ÉVANGÉLINE

J'ai souffert comme toi... J'ai marché, triste et blême,
    Le cœur désolé, le corps las,

Posant à tous la même question, hélas!...
.Et la réponse était toujours la même,
Et je portais plus loin mes pas!
Enfin, n'espérant plus te revoir ici-bas,
J'ai cru que du Seigneur la volonté suprême
M'ordonnait d'être à lui jusqu'au jour du trépas.
Mais tout cela n'est plus!... Notre épreuve s'achève...

ENSEMBLE

Le douloureux passé m'apparait comme un rêve ;
Je n'ai plus d'amertume et n'ai plus de rancœur,
Puisque je te revois, { puisque tu m'es } rendue,
{ que je te suis }
Puisque, l'âme enivrée et de joie éperdue,
Je peux te presser sur mon cœur.

(Le duo les a amenés vers le banc de gauche. Gabriel s'éloigne
d'Évangéline et se dirige vers le banc.)

GABRIEL

Évangéline...

ÉVANGÉLINE, le suivant.

Ami... ta main quitte la mienne?...
Tu chancelles?... Je vais...

GABRIEL, se laissant tomber sur le banc.

Non! reste près de moi...
Tout m'accable à la fois... tout... la souffrance ancienne
Et le bonheur présent... Et cependant j'ai foi
Dans la bonté céleste!

ÉVANGÉLINE, sur le banc, près de lui, le regardant avec une tendresse
inquiète.

Oui, je veux croire aussi que l'avenir nous reste...

GABRIEL, se ranimant, brusquement, avec élan.

Ah! Ce Dieu juste, dont j'adore
La toute puissante bonté,
Nous accordera plus encore :
A notre amour il va donner l'éternité !

(Il se lève.)

ÉVANGÉLINE, debout, près de lui.

L'éternité ?

es cloches tintent doucement. — Des fidèles, hommes, femmes, enfants,
arrivent par les allées du fond, et entrent dans la chapelle, dont les
portes, en s'ouvrant, laissent apercevoir un prêtre qui commence à dire
la messe.)

GABRIEL, avec exaltation, saisissant Évangéline.

Écoute! Entends-tu, ma femme chérie?
C'est aujourd'hui que tous les deux on nous marie!

ÉVANGÉLINE, gagnée par l'exaltation de Gabriel.

Oui... tu dis vrai... j'entends... C'est nous que l'on marie!

GABRIEL

C'est la messe de notre hymen !
Avec moi tu vas être unie :
Et tous deux, la main dans la main,
Nous nous envolerons vers la joie infinie!
Loin de ce séjour douloureux,
Nos cœurs dans la cité divine
Seront heureux!
Ne vois-tu rien, Évangéline?

ÉVANGÉLINE

Je vois le ciel s'ouvrir! Les anges du Seigneur,
Dans le firmament qui s'embrase
Chantent notre bonheur
Et notre extase...
Alleluia !

VOIX DES FIDÈLES

Alleluia!...

ÉVANGÉLINE

Salut, azur
Splendide et pur!
Salut, vous qui brillez dans nos prunelles,
Éclatantes blancheurs des aubes éternelles!
Alleluia!

GABRIEL, retombé sur le banc, avec ÉVANGÉLINE tombée à genoux
près de lui.

Pour l'éternité { tu seras ma ⎫ femme!
{ je serai ta ⎭
Pour l'éternité, ton âme à mon âme
Sera réunie... Et... même ici-bas...
Notre souvenir ne périra pas!

(Tandis que Gabriel dit ces quatre vers, l'obscurité se fait peu à pe
complète. — Au moment où, d'une voix lointaine, il prononce les der
niers mots, la clarté revient. — La cour de l'asile a disparu. — La scèr
représente la forêt du prélude.)

GABRIEL

Je vois la forêt primitive...
Le vent dans les sapins exhale un long regret,
Et l'océan répond, avec sa voix plaintive
Aux accents désolés de l'antique forêt.

(Ce qui suit est chanté par un chœur invisible, parfois dominé par la voi
de Gabriel et celle d'Évangéline.)

CHŒUR

Loin d'elle, les amants dormiront côte à côte,
Dans la terre d'exil qui vit leurs derniers pas...
Mais la vieille forêt, dont leur amour fut l'hôte
Et ceux qu'ils ont connus ne les oublieront pas.

ÉVANGÉLINE

ÉVANGÉLINE, GABRIEL

Et toujours le frisson du vent dans le feuillage,
Et les récits naïfs qu'on redit au village,
Uniront dans les cœurs, uniront sous le ciel,
Le nom d'Évangéline au nom de Gabriel.

FIN

Paris. — Impr. PAUL DUPONT, 4, rue du Bouloi. — 743.12.96.